사랑에 빠진 물총새는
무얼 선물할까요?

수·수·꽃·다·리는 우리 동물과 식물의 신기한 이야기를 재미있게 엮은 자연 관찰 도서 시리즈입니다.

수수 모양으로 꽃이 달리는 나무라는 뜻인 '수수꽃다리'는 아름다운 꽃내음으로 많이 알려져 있는 라일락의 순우리말입니다. 재능아카데미는 수수꽃다리의 꽃내음이 널리 퍼져 나가듯 자연을 사랑하는 마음이 우리 어린이들에게 널리 퍼져 나가길 바랍니다.

사랑에 빠진 물총새는 무얼 선물할까요?

지은이 황보연_ 자연을 연구하고, 전하는 일을 사랑하시는 황보연 선생님은 한국교원대학교와 대학원에서 생물학을 공부하시고, 경희대학교에서 생물학 박사 과정을 수료하셨습니다. 현재 국립공원관리공단의 북한산사무소에서 일하시면서 대학 강의와 책을 통해 많은 사람들에게 자연을 전하고 계십니다. 지은 책으로 「우리 숲의 딱따구리」, 「웅덩이 관찰 일기」, 「쫓고 쫓기고 찾고 숨고」, 「아주 작은 씨앗이 자라서」 등이 있습니다.

그린이 홍시영_ 어려서부터 그림책을 좋아했던 홍시영 선생님은 그 꿈을 이뤄 지금은 어린이책에 그림을 그리는 일러스트레이터로 활동하고 계십니다. 어린이들에게 자연을 사랑하는 마음을 전하고자 달팽이, 거북이, 토끼, 햄스터 등 다양한 동식물들을 직접 키우면서 그들의 생생한 모습을 그림에 담고 계십니다. 그린 책으로는 「내 발자국을 찾아봐」가 있습니다.

펴낸날 2007년 12월 5일 초판 1쇄 발행
         2009년 11월 20일 초판 3쇄 발행
펴낸곳 ㈜재능교육
펴낸이 서병호
찍은곳 ㈜재능인쇄
책임편집 황지성
편집 박양진
디자인 이은경
주소 서울시 종로구 혜화동 55-5
전화 02-744-0031
팩시밀리 02-3670-0340
등록일 1977년 2월 11일 (제5-20호)
ⓒ 재능교육 2007

이 책의 저작권은 ㈜재능교육에 있습니다. 저작권법에 의해
한국 내에서 보호를 받는 저작물이므로 무단전재나 복제를 금합니다.

ISBN 978-89-7499-421-1 74470, 978-89-7499-417-4 74470(세트)

* 책값은 뒤표지에 있습니다.
* 잘못된 책은 바꾸어 드립니다.

사랑에 빠진 물총새는 무얼 선물할까요?

JEI 재능교육

차 례

 습지에서

01	멧밭쥐는 갈대밭의 멋진 **곡예사**라고요?	8
02	고라니는 왜 **물가**에 자주 나타나나요?	10
03	오소리가 정말 그렇게 **깔끔**을 떠나요?	12
04	날씬한 족제비가 **욕심쟁이**라고요?	14
05	삵과 고양이가 너무 **닮았다**고요?	16
06	때까치는 배가 부르면 남은 **먹이**를 어떻게 하나요?	18
07	백로의 부리와 다리는 왜 다 **길쭉**한가요?	20
08	논병아리는 정말 **물 위**에서만 사나요?	22
09	물총새는 왜 흙벽에 **둥지**를 짓나요?	24
10	솔부엉이는 어떻게 깜깜한 밤에 **먹이**를 찾아 내지요?	26
11	맹꽁이는 정말 **맹꽁**하고 울까요?	28
12	울긋불긋 무당개구리는 어떻게 **적**을 피할까요?	30
13	무자치는 왜 자꾸만 **혀**를 날름거릴까요?	32

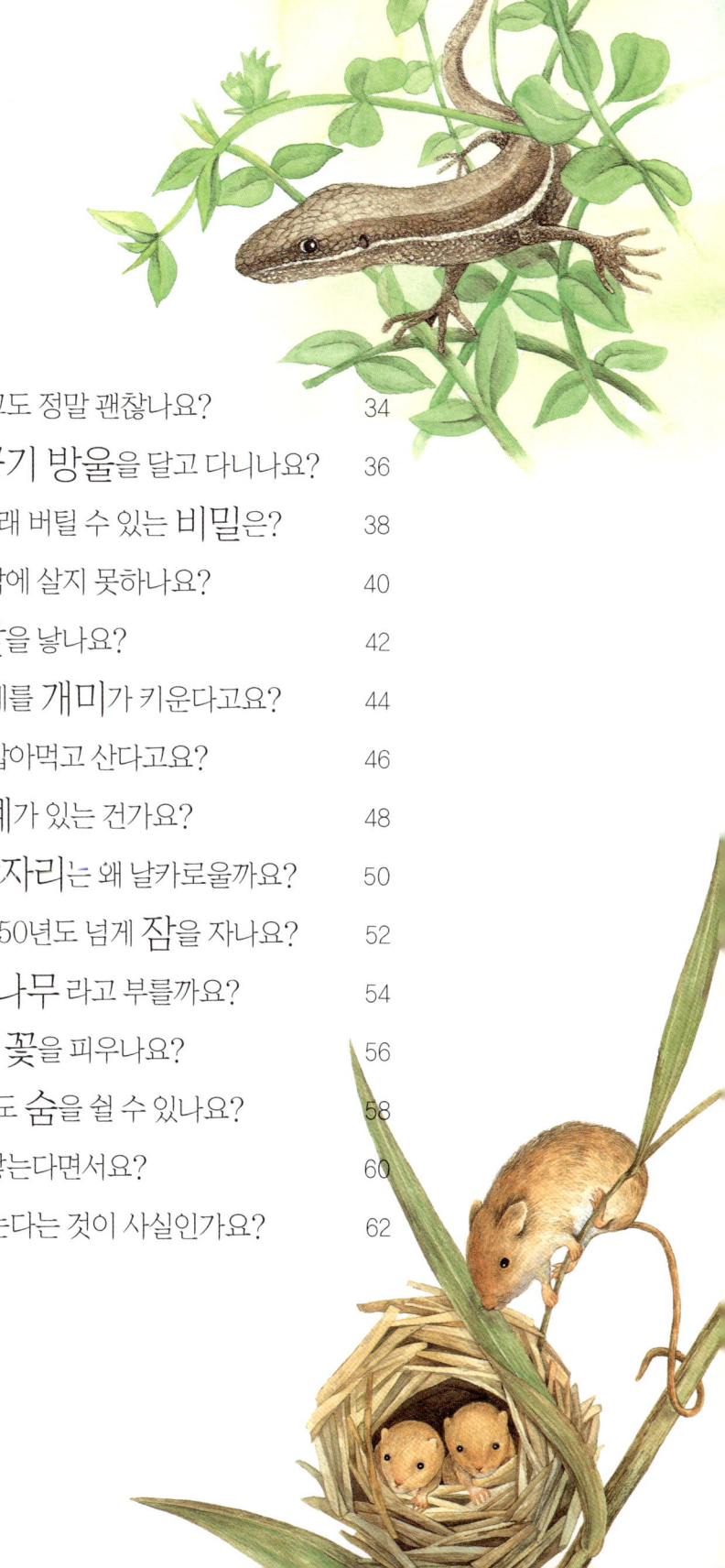

14 장지뱀은 꼬리를 자르고도 정말 괜찮나요? 34
15 물방개는 왜 꽁무니에 공기 방울을 달고 다니나요? 36
16 장구애비가 물 속에서 오래 버틸 수 있는 비밀은? 38
17 하루살이는 정말 하루밖에 살지 못하나요? 40
18 잠자리는 정말 날면서 알을 낳나요? 42
19 쌍꼬리부전나비의 애벌레를 개미가 키운다고요? 44
20 끈끈이주걱은 벌레를 잡아먹고 산다고요? 46
21 쇠뜨기와 소는 어떤 관계가 있는 건가요? 48
22 갈대와 부들의 잎 가장자리는 왜 날카로울까요? 50
23 가시연꽃의 씨앗은 정말 50년도 넘게 잠을 자나요? 52
24 버드나무를 왜 도깨비나무 라고 부를까요? 54
25 물 속에 사는 물수세미도 꽃을 피우나요? 56
26 미꾸라지는 정말 창자로도 숨을 쉴 수 있나요? 58
27 가물치는 알을 둥지에 낳는다면서요? 60
28 논우렁이는 새끼를 낳는다는 것이 사실인가요? 62

멧밭쥐·고라니·오소리·족제비·삵

때까치·백로·논병아리·물총새·솔부엉이

맹꽁이·무당개구리·무자치·장지뱀

물방개·장구애비·하루살이·잠자리·쌍꼬리부전나비

끈끈이주걱·쇠뜨기·갈대와 부들

가시연꽃·버드나무·물수세미

미꾸라지·가물치·논우렁이

습.지.에.서.

이
멧밭쥐는 갈대밭의 멋진 곡예사라고요?

멧밭쥐는 개울가 작은 나무숲이나
갈대가 무성한 습지 주변을 특히 좋아해요.
몸 길이가 겨우 5cm 정도밖에 안 되어 우리 나라에 사는 쥐 가운데
가장 작지요. 몸무게도 10g 정도로 매우 가볍기 때문에
풀잎과 풀줄기 위를 돌아다녀도 떨어지지 않아요.
또한 몸 길이만큼이나 긴 꼬리에는 털이 없어 갈대 줄기를
휘감아 잡고 이동할 수 있어요.
이렇게 갈대밭을 여기저기 마음대로 누비는
멧밭쥐의 모습이 마치 타잔 같아
'갈대밭의 곡예사' 라는 별명이 붙었답니다.

 멧밭쥐는 집도 아기자기해~

멧밭쥐는 여름이면 어린아이 키 정도의 나무나 풀줄기에
작은 풀들을 엮어 동글동글한 집을 만들어요.
생김새가 마치 작은 새의 둥지 같지요. 겉보기엔
허술해 보여도 웬만한 거센 바람에도 끄떡없대요.

02 고라니는 왜 물가에 자주 나타나나요?

고라니는 하루에 여러 번 물을 꼭 마셔야 할 만큼
물을 아주 좋아해서 외국에서는 '물사슴'이라고도 불러요.
물가에서 고라니를 자주 볼 수 있는 것도 하천을 따라 움직이는
습성 때문이에요.
고라니는 조심성이 많고, 특히 귀가 발달해 아주 작은 소리도
들을 수 있어요. 그래서 뭔가 수상한 낌새를 느끼면
한번에 무려 7~8m나 껑충 뛰어 재빨리 도망친답니다.

 사슴, 노루, 고라니야,
너희는 어디가 다른 거니?

먼저 몸의 크기를 보면 사슴이 제일 크고, 그 다음은
노루가 크고, 고라니가 제일 작아요. 그리고 사슴과
노루의 수컷은 뿔이 있지만, 고라니의 수컷은 뿔 대신
뾰족한 송곳니가 밖으로 드러나 있답니다.

사슴　　　　　노루　　　　　고라니

03 오소리가 정말 그렇게 깔끔을 떠나요?

오소리는 짧은 다리, 뚱뚱한 몸매, 빠르지 못한 움직임 탓에
게으르고 지저분할 거라는 오해를 받아요.
하지만 겉보기와는 많이 달라요.
먼저 큰 발과 발톱, 긴 주둥이가 있어 굴을 파는 데는 선수죠.
또 깔끔한 것을 좋아해서 잠자는 방에는 마른 풀을 깔아
깨끗하게 정리도 해요. 굴 안으로 들어갈 때는
입구에서 더러운 흙이 묻은 몸과 발을 털고 들어갈 정도예요.
뿐만 아니라 똥 누는 굴은 밖에 따로 파둔답니다.
그렇지만 벌레를 워낙 좋아해서
똥굴로 몰려드는 벌레를 잡아먹는다고 하니
항상 깔끔한 건 아닌가 봐요.

밤 산을 누비는 오소리의 눈은 번쩍번쩍!

오소리와 같이 주로 밤에 활동하는 동물들은 눈 속에 작은 불빛을 모아 주는 '반사판'이 있어요. 그래서 밤에도 잘 볼 수 있지요. 밤에 동물들의 눈이 번쩍이는 것도 같은 이유랍니다.
그런데 이런 동물들에게 자동차 불빛 같은 밝은 빛을 갑자기 비추면 잠시 동안 전혀 볼 수 없대요. 밤에 도로에서 많은 동물들이 자동차에 다치는 것도 이 때문이에요.

04 날씬한 족제비가 욕심쟁이라고요?

"족제비가 살면 쥐가 사라진다."라는 옛말이 있을 정도로 족제비는 이름난 쥐사냥꾼이에요. 날카로운 이빨과 재빠른 몸놀림으로 쥐뿐만 아니라 개구리, 뱀, 메뚜기, 여치 등도 잡아먹지요. 게다가 헤엄을 잘 치기 때문에 물고기도 곧잘 잡는답니다.

족제비는 먹이 욕심이 매우 많아요. 그래서 자신이 먹을 양보다 더 많은 양의 먹잇감을 사냥해요. 또 먹이를 통째로 다 먹기보다는 자신이 좋아하는 부위만을 골라서 먹는 까다로운 입맛을 가지고 있어요.

 ## 족제비는 제2의 스컹크래요

사냥꾼인 족제비도 수리부엉이나 삵에겐 공격을 받곤 해요.
그러면 똥구멍 쪽에서 고약한 냄새를 뿜어 공격을 막지요.
이 냄새는 며칠 동안 지독하게 남아 있기 때문에
한번이라도 당해 본 동물들은 족제비를 피한답니다.

05 삵과 고양이가 너무 닮았다고요?

삵의 다른 이름인 살쾡이는 고양이와 비슷하게 생겨서 붙여진 이름이에요. '쾡이'는 고양이의 줄임말이거든요.
하지만 자세히 보면 삵은 고양이보다 덩치가 조금 더 커요.
그리고 이마에 뚜렷한 두 줄의 줄무늬가 있지요.
뿐만 아니라 사는 모습은 더욱 달라요.
삵은 똥을 눈에 잘 띄는 곳에 누어 다른 삵이 접근하지 못하게 하는데, 고양이는 똥을 누고 난 뒤 흙으로 덮어버려요.
무엇보다 고양이는 물을 아주 싫어하지만 삵은 헤엄도 곧잘 친답니다.

 ## 어떤 게 내 발자국이게?

삵
발가락이 4개로 발자국에 발톱 자국이 찍히지 않아요.
앞발이 디딘 자리를 뒷발이 다시 밟거나 그 앞을 디뎌요.

너구리
발가락이 4개이며 발자국에 발톱 자국이
정확하게 찍혀요.

고라니
2개의 발굽이 선명해요.

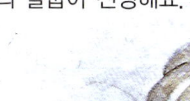

수달
발가락이 5개로
그 사이에 물갈퀴가 뚜렷해요.

❓ 때까치는 왜 습지를 좋아할까요?

습지에서 자라는 높은 버드나무 위에 앉아 있으면
천적이 다가오는 것을 빨리 알 수 있고, 먹이도 쉽게
잡을 수 있기 때문이지요. 또한 습지에는 때까치가 가장 좋아하는
먹잇감인 개구리와 멧밭쥐가 일년 내내 많기 때문이에요.

06 때까치는 배가 부르면 남은 먹이를 어떻게 하나요?

때까치는 우리가 알고 있는 까치와 생김새는 비슷하지만 크기가 더 작고 귀여우며 연한 갈색을 띠고 있어요. 때까치라고 불리는 건 '때때때' 하는 울음소리 때문이에요. 무엇보다 때까치는 먹이를 저장하는 새로 유명해요. 배가 부르면 먹이인 개구리, 작은 들쥐, 곤충 등을 나뭇가지에 꽂아 저장해 두었다가, 나중에 배가 고프면 다시 찾아와 먹곤 하지요. 그래서 외국에서는 때까치를 '푸줏간 새' 혹은 '고깃간 새'라고 불러요. 또한 먹이를 저장해 놓은 곳도 잊지 않고 잘 찾아 먹을 만큼 영리하답니다.

07 백로의 부리와 다리는 왜 다 길쭉한가요?

우리 나라에는 중대백로, 쇠백로, 해오라기를 포함해서 약 17종류의 백로가 살고 있어요. 주로 물가에서 생활하는 백로는 그 곳에 사는 물고기나 개구리 등을 잡아먹고 살아가요.
그래서 물가에서 생활하기에 알맞은 몸의 구조를 갖고 있지요.
백로의 생김새 중 가장 큰 특징은 긴 다리와 길고 뾰족한 부리예요. 백로는 긴 다리 덕분에 비교적 깊은 물에도 걸어 들어갈 수 있어요. 또한 뾰족한 창 모양의 부리는 먹이를 잡을 때 작살과 같은 역할을 하기 때문에 먹이를 쉽게 잡을 수 있답니다.

무리지어 살아가는 새들은 어떤 점이 좋을까요?

백로나 쇠제비갈매기와 같이 힘이 약한 새들은 번식기에 주로 무리지어 살면서 매 같은 천적을 함께 물리쳐요. 그리고 박새, 쇠박새, 까치, 오리는 먹이가 부족한 겨울철에 큰 무리를 지어 살아요. 여럿이 함께 모여 먹이를 찾으면 좀더 쉽게 구할 수 있기 때문이지요.

08 논병아리는 정말 물 위에서만 사나요?

네, 논병아리는 태어날 때부터 대부분을 물에서만
보내요. 그래서 몸도 물에서 생활하기에 알맞게 생겼어요.
논병아리의 긴 발가락 옆에는 '판족' 이라는 물고기 지느러미 같은
물갈퀴가 있어요. 덕분에 헤엄을 무척 잘 쳐요. 또한 판족이 달린
긴 발가락과 가벼운 몸 때문에 연잎 위를 걸어 다닐 수도 있고,
물에 빠지지도 않지요.
그리고 논병아리는 둥지도 갈대밭 안쪽의 물 위에 지어요.
이 때 둥지는 갈대나 부들과 같은 식물을 언덕처럼 높이 쌓아
물에 뜨도록 만들어요. 그리고 그 곳에 알을 낳아 기르지요.

새들아, 너희는 어디에 집을 짓니?

붉은머리오목눈이
나뭇가지에 작은 풀을 엮어 컵 모양 혹은 접시 모양의 둥지를 지어요. 흰배지빠귀, 직박구리도 마찬가지예요.

노랑할미새
계곡의 돌틈 사이에 이끼나 작은 풀잎을 엮어 알을 낳을 둥지를 만들어요. 물까마귀도 노랑할미새처럼 둥지를 짓는데요.

쇠제비갈매기
주로 땅바닥에 알을 낳아요. 알은 주변의 환경과 어울리는 위장색을 띠어요. 그리고 잘 굴러가지 않도록 길쭉하고 한쪽이 뾰족해요. 꼬마물떼새의 둥지도 비슷하답니다.

사랑에 빠진 물총새는 무얼 선물할까요?

암컷 물총새는 건강한 알을 낳기 위해 좋은 먹이를 선물한 수컷을 선택해요. 그래서 수컷 물총새들은 암컷의 마음을 얻기 위해 맛있고 영양분 많은 물고기를 선물하지요. 사실 암컷이 알을 낳으려면 많은 영양분이 필요한데, 먹이 선물은 이를 미리 준비하는 셈이랍니다.

09 물총새는 왜 흙벽에 둥지를 짓나요?

그것은 흙벽이 구멍을 뚫고 둥지를 짓는 데 오랜 시간이 걸리지 않기 때문이에요. 그리고 무엇보다 흙벽 속에 알을 낳아 두면 뱀이나 다른 천적이 쉽게 다가올 수 없어 안전하거든요.
게다가 물총새의 뾰족하고 단단한 부리는 흙벽에 구멍을 뚫기에 알맞아요. 이 부리로 흙벽에 40cm 이상의 긴 구멍을 뚫고 난 후 안쪽에 넓은 방을 만들어 둥지를 꾸미지요.
이 둥지로 들어갈 때 물총새는 발톱으로 구멍 입구를 할퀴며 박차듯이 안으로 들어가요. 그래서 흙벽에 있는 구멍 입구에 발톱 자국이 있으면 물총새의 둥지임을 알 수 있답니다.

10
솔부엉이는 어떻게 깜깜한 밤에 먹이를 찾아 내지요?

솔부엉이는 낮에는 잠을 자다 밤이 되면 활동하는 동물이에요. 밤에는 주로 들쥐, 다람쥐, 작은 새 같은 먹이를 찾아다니지요. 그래서 밤에도 잘 볼 수 있는 눈과 먼 곳에서 나는 작은 소리도 잘 들을 수 있는 예민한 귀를 가지고 있어요.

솔부엉이의 눈은 다른 새들과 달리 얼굴 앞쪽으로 몰려 있어요. 덕분에 어두운 밤이어도 먹이의 위치와 크기를 정확하게 볼 수 있어요.

그리고 솔부엉이는 귀가 짝짝이예요. 그래서 밤이면 나뭇가지에 앉아 머리를 좌우로 흔들어 대곤 해요. 이것은 짝짝이 귀에 들리는 소리의 차이로 먹잇감의 위치를 정확히 알아 내기 위해서지요.

솔부엉이가 게워 내는 펠릿이란?

솔부엉이, 수리부엉이, 매처럼 다른 동물을 잡아먹고 사는 새는 먹이를 완전히 소화시키지 못해요. 그래서 동물의 뼈, 털 같은 것을 덩어리로 다시 토해 내는데, 이것을 '펠릿'이라고 부르지요.
펠릿을 보면 그 새가 무엇을 얼마나 자주 먹었는지, 또 활동하는 데는 얼마나 많은 에너지를 사용하는지 알 수 있어요.

맹꽁이는 정말 맹꽁하고 울까요?

맹꽁이는 '맹꽁 맹꽁' 하고 운다고 해서 붙여진 이름이에요.
그런데 사실 맹꽁이는 울음 주머니를 하나만 갖고 있기 때문에
두 음절로 된 소리를 낼 수 없어요.
여름에 비가 내리는 밤이면 수컷 맹꽁이는 암컷을 부르기 위해
울어 대지요. 맹꽁이 한 마리가 먼저 '맹' 하고 울면
옆에 있던 맹꽁이는 자기 소리가 암컷에게 더 잘 들리도록
다른 큰 소리로 '꽁' 하고 울어요. 이것이 반복되기 때문에
'맹꽁' 이라고 들리는 것이죠.
그러니까 맹꽁이라는 이름은 바로 사람들이 두 수컷 맹꽁이가
번갈아 가며 우는 소리인 줄 모르고 잘못 붙인 거예요.

느림보 맹꽁이가 천적을 만나면?

발가락 모양이 농기구인 쟁기를 닮아 쟁기발개구리라고도 불리는 맹꽁이는 물갈퀴가 발달하지 않아 헤엄을 잘 못 쳐요. 땅에서도 느릿느릿 걸어 천적을 피해 주로 밤에 활동을 많이 하지요. 그런데 만약 천적을 만나면 몸에 공기를 넣어 크게 부풀려요. 이는 덩치를 크게 만들어 상대방에게 겁을 주기 위해서랍니다.

12
울긋불긋 무당개구리는 어떻게 적을 피할까요?

무당개구리는 무늬가 매우 화려해서 멀리서도 쉽게 눈에 띄어요. 그래서인지 적을 피하는 방법도 남다르답니다.
먼저 무당개구리의 등을 살짝 건드리면 배를 바닥에 바짝 붙여 엎드리고 네 다리를 쫙 펴면서 죽은 척을 하지요. 이는 뱀 같은 천적들이 죽은 동물은 잘 잡아먹지 않기 때문이에요.
만일 계속해서 공격을 받으면 화려한 배가 잘 보이도록 몸을 뒤집고 네 다리를 쫙 펼치기도 해요.
동물들은 색이 화려하면 독이 있다는 것을 알고 피하기 때문이지요.
아닌 게 아니라 무당개구리도 몸에 독을 품고 있답니다.

개구리는 왜 무리지어 울까요?

여름철이면 요란한 개구리의 울음소리는 수컷들이 짝이 될 암컷을 부르는 거예요. 그런데 대개 암컷들은 소리가 우렁찬 수컷 주변에 몰려든대요. 그래서 수컷들은 여럿이 큰 소리로 합창하며 암컷을 부른답니다.

무자치는 왜 자꾸만 혀를 날름거릴까요?

물 위를 헤엄쳐 다녀 흔히 '물뱀'으로도 불리는 무자치는
눈이 좋지 않아요. 이것은 다른 뱀도 마찬가지여서
뱀은 먹이를 사냥할 때면 눈 말고 몸의 다른 곳도 사용해요.
그건 바로 혀와 코랍니다.
뱀을 보면 자꾸만 혀를 날름거리는데, 이것은 냄새를 맡는
행동이에요. 뱀은 입천장에 냄새를 맡는 곳이 있거든요.
혀를 날름거리면 공기 중에 떠돌고 있는 냄새 물질이 혀에 묻는데,
이 혀를 입천장에 대고 냄새를 맡는 거예요.
또 뱀의 코 부분에는 열을 느끼는 곳이 있어요. 그 곳을 통해
먹이가 되는 동물의 체온을 느껴 위치를 알아 낸답니다.

두꺼비의 독에도 끄떡없는 유혈목이

보통 뱀들은 두꺼비를 삼켰다가도 두꺼비의 살갗에서 나오는
독 때문에 바로 게워 내고 도망가지요.
하지만 유혈목이는 두꺼비를 잡아먹고는
뒷목에 있는 주머니에 두꺼비의 독을 모아 두어요.
그러면 이 곳에서 비릿한 냄새가 나는데, 이를 이용해
유혈목이는 천적의 공격을 피한답니다.

14 장지뱀은 꼬리를 자르고도 정말 괜찮나요?

장지뱀은 발이 달려 겉모습이 도마뱀과 비슷해요.
등에 줄무늬가 있는 줄장지뱀, 표범 무늬가 있는 표범장지뱀 등
종류도 여럿이지요.
장지뱀의 꼬리는 몸통보다 두 배나 더 길어요. 그리고 도마뱀처럼
천적을 만나거나 위험한 상황이 되면 자신의 꼬리를 스스로 잘라요.
그러면 천적이 깜짝 놀라는 사이에 장지뱀은 재빨리 도망치지요.
꼬리가 잘려진 곳에서는 새로운 꼬리가 곧 자란다고 하니
걱정하지 않아도 돼요. 재미있는 건 새로 자란 꼬리는
색깔이 달라서 꼬리가 잘려진 적이 있는지 없는지
알 수 있대요.

장지뱀과 뱀의 허물벗기 차이는?

뱀은 입 주변의 허물이 먼저 벗겨지면서 마치 사람이 양말을
벗듯이 한번에 허물을 벗어요. 그런데 장지뱀은 허물이
몸의 몇 부분으로 나뉘어져 벗겨져요. 그래서 허물을 벗을 때는
군데군데 껍질이 그대로 남아 있는 걸 볼 수 있답니다.

물땡땡이

15 물방개는 왜 꽁무니에 공기 방울을 달고 다니나요?

물방개는 물 속에서 살아가는 곤충으로 발이 마치 배를 젓는
노처럼 생겨서 쉽게 헤엄칠 수 있어요. 하지만 이런 물방개도
숨을 쉬어야 하기 때문에 깊은 물 속에 오래 있을 수 없답니다.
그래서 물 밖으로 꽁무니를 내밀고 숨을 쉴 때
날개딱지 밑에 있는 공기주머니에 공기를 잔뜩 채워 물 속으로
들어가지요. 또 배에 난 털에도 작은 공기 방울을 만들어 두고
여기에 녹아 들어가는 공기로도 숨을 쉬어요.
그래서 마치 물방개가 공기 방울을 달고 다니는 것처럼
보이는 거예요.

물방개는 쌀방개, 물땡땡이는 똥방개!

옛날에는 논에서는 메뚜기를, 물가에서는 미꾸라지나 물방개를 잡아먹곤 했대요. 그래서 물방개는 먹을 수 있는 방개라 해서 '쌀방개'라 불렀지요. 하지만 물땡땡이는 물방개와 모양새는 비슷한데 나쁜 냄새가 나서 못 먹었대요. 그래서 '똥방개'라 불렀답니다.

물방개

게아재비

16 장구애비가 물속에서 오래 버틸 수 있는 비밀은?

장구애비는 길고 커다란 앞다리로 물 위에서 물을 차는 모습이 마치 장구를 치는 모습과 같다고 해서 붙여진 이름이에요.
옛 사람들은 장구애비가 물고기처럼 물 속에서 숨을 쉰다고 생각했어요. 숨을 쉬기 위해 물 밖으로 머리를 내미는 모습을 볼 수 없었기 때문이지요.
하지만 장구애비는 배 아래쪽에 긴 관이 있어
머리를 내밀지 않아도 숨을 쉴 수가 있어요.
이 긴 관만 물 밖으로 내밀고 공기를 마시거든요.
또한 한번에 많은 양의 공기를 들이마시기 때문에
물 속에서 오래 버틸 수가 있답니다.

소문난 물 속 사냥꾼, 장구애비와 게아재비!

장구애비와 게아재비는 낮에는 물풀이나 낙엽 속에 숨어 있다가 밤에 사냥을 나서요. 둘다 낫처럼 휘어진 긴 앞다리가 있어 작은 물고기나 올챙이 등을 잘 낚아채지요. 그리고 긴 빨대 같은 입으로 먹이의 즙을 빨아먹죠. 무시무시한 그 모습 때문에 장구애비는 '물 속의 전갈', 게아재비는 '물 속의 사마귀'라고 불려요.

장구애비

17 하루살이는 정말 하루밖에 살지 못하나요?

하루살이는 물 속에 알을 낳는데, 알에서 깨어난 애벌레는
깨끗한 계곡의 돌과 낙엽 밑에서 물풀 등을 먹고 자라요.
이렇게 애벌레는 일 년 정도 물 속에서 생활하지요.
그런데 하루살이가 어른벌레가 되면 입이 없어진대요.
그래서 어른 하루살이는 먹이를 먹지 못한 채 짝짓기를 한 후
알을 낳고 곧 죽게 되지요. 그 기간이 매우 짧아 하루밖에
살지 못 하는 것처럼 보여 하루살이라는 이름이 붙여진 거예요.
하지만 실제 어른 하루살이는 일주일 정도 살 수 있다고 합니다.

하루살이 애벌레는 사는 곳에 따라 생김새가 달라!

물살이 센 곳의 애벌레는 몸이 납작해서 빠른 물살을 이겨낼 수 있어요.
하지만 물살이 느린 하천의 애벌레는 물 바닥에서 걷기 편하도록
둥그스름하고, 다리가 길지요. 그리고 물의 흐름이
거의 없는 연못이나 습지의 애벌레는 바닥에 굴을 파고
살아가는데, 굴을 파기 쉽도록 앞발이 길어요.

하루살이 애벌레

18 잠자리는 정말 날면서 알을 낳나요?

그런 잠자리도 있지만 사실 잠자리는 종류에 따라
알을 낳는 방법이 많이 달라요.
깃동잠자리, 된장잠자리는 수컷과 암컷이 함께 비행을 하면서
암컷이 꼬리로 물 위를 탁탁 치듯이 알을 떨어뜨리며 낳아요.
하지만 왕잠자리, 실잠자리는 암컷이 가느다란 풀이나 가지에다가
알을 붙여 낳지요. 그 밖에 장수잠자리처럼 모래 속에 알을 낳는
잠자리도 있어요.
참, 잠자리가 짝짓기 하는 모습을 본 적 있나요?
멀리서 보면 마치 예쁜 하트 모양 같답니다.

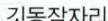

깃동잠자리

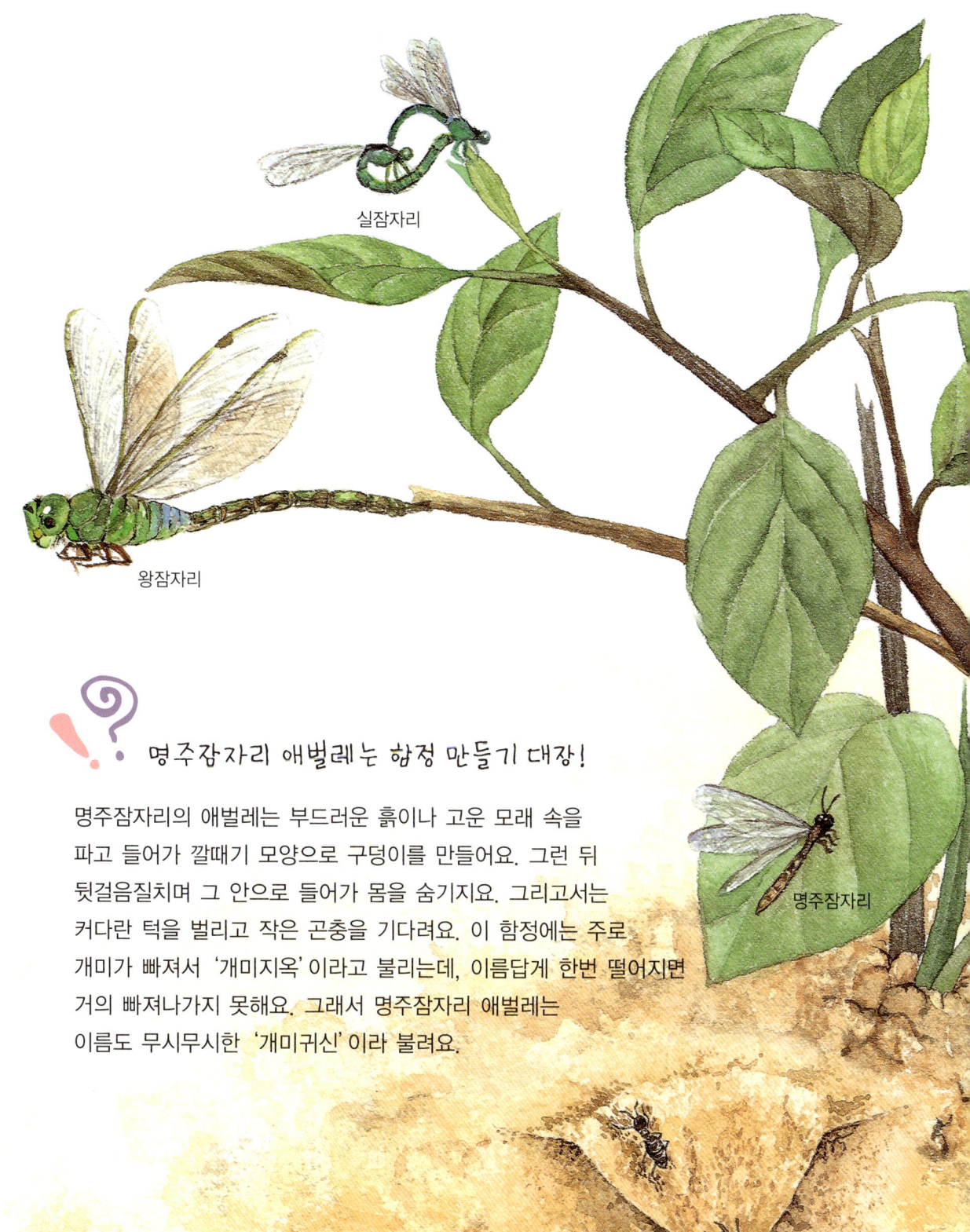

실잠자리

왕잠자리

명주잠자리

명주잠자리 애벌레

❗❓ 명주잠자리 애벌레는 함정 만들기 대장!

명주잠자리의 애벌레는 부드러운 흙이나 고운 모래 속을 파고 들어가 깔때기 모양으로 구덩이를 만들어요. 그런 뒤 뒷걸음질치며 그 안으로 들어가 몸을 숨기지요. 그리고서는 커다란 턱을 벌리고 작은 곤충을 기다려요. 이 함정에는 주로 개미가 빠져서 '개미지옥'이라고 불리는데, 이름답게 한번 떨어지면 거의 빠져나가지 못해요. 그래서 명주잠자리 애벌레는 이름도 무시무시한 '개미귀신'이라 불려요.

43

❗❓ 나비 애벌레가 하필 새똥같이 생긴 이유는?

호랑나비는 산초나무나 탱자나무 등의 나뭇잎에 알을 낳아요.
알에서 깨어난 애벌레는 꼭 새똥과 닮았지요.
그래야 새들이 새똥인줄 알고 잡아먹지 않기 때문이랍니다.
그러다가 마지막 애벌레 때는 올빼미 눈 모양의 무늬가
머리 쪽에 생겨요. 이 모습 역시 새들이 싫어하기 때문이에요.

호랑나비 알

껍질을 한 번 벗은
애벌레

껍질을
네 번 벗은
애벌레

번데기

어른 호랑나비

19 쌍꼬리부전나비의 애벌레를 개미가 키운다고요?

쌍꼬리부전나비는 날개의 양쪽 끝이 꼬리처럼 삐죽 나와 있어
붙여진 이름이에요. 요즘은 사라져 가는 동물로 보호받고 있어요.
주로 개미가 사는 벚나무와 소나무의 죽은 가지에 생기는
작은 틈에 알을 낳아요. 그런데 글쎄 알에서 깨어난 애벌레는
이웃의 개미가 주는 먹이를 먹고 자란대요.
하지만 무조건 얻어먹는 것만은 아니에요.
개미가 먹이를 주고 나서 더듬이로 애벌레를 건드리면
애벌레는 개미에게 달콤한 꿀물을 준답니다.
이렇게 애벌레와 개미는 서로 먹이와 꿀물을 주고받으며
사이좋게 살아가지요.

20 끈끈이주걱은 벌레를 잡아먹고 산다고요?

이름이 재미있는 끈끈이주걱은 이름 그대로 잎 모양이 밥주걱을 닮았어요.
생김새보다 더 특이한 건 바로 이 잎으로 벌레를 잡아먹는다는 거예요. 이런 식물을 식충식물이라고 부르지요.
끈끈이주걱의 잎은 끈끈한 액으로 싸인 짧은 털로 온통 뒤덮여 있어요. 그래서 파리나 진딧물과 같은 작은 벌레가 달라붙으면 잘 빠져나가지 못해요. 그리고 이 짧은 털에서는 소화액이 나와 잡은 벌레를 영양분으로 바꿔 주고, 그것을 빨아들인답니다.

힘을 모아 벌레를 잡는 끈끈이주걱

벌레를 잘 잡기 위해 끈끈이주걱은 무리를 지어 살아요. 큰 벌레가 걸려들면 주위 잎들이 서로 힘을 모아 도망가지 못하게 하지요. 또 한꺼번에 꽃을 피우지 않고, 서로 돌아가며 여러 날에 걸쳐 꽃을 피워요. 이것은 조금이라도 오랫동안 벌레를 끌어들이기 위해서예요.

21 쇠뜨기와 소는 어떤 관계가 있는 건가요?

이른 봄 습지 주변에는 연한 갈색을 띠고, 뱀머리 모양을 한
쇠뜨기가 많이 돋아나요. 쇠뜨기라는 이름은
소가 잘 뜯어 먹는다고 해서 붙여진 거예요.
이른 봄에 돋아나는 것은 홀씨가 있는 줄기예요. 이 줄기가
시들 무렵이 되면 연한 녹색의 줄기가 나오기 시작하지요.
이것이 쇠뜨기의 본 모습이에요.
대개 쇠뜨기가 풍부하게 자랄 정도가 되면 다른 풀들도
무성해지는 시기예요. 그래서 옛 어른들은 이 때쯤에 소의 입에
씌워 두었던 망태를 벗기고 마음껏 들판의 풀을 뜯게 했답니다.

쇠뜨기

괭이밥

고양이가 먹어 괭이밥, 토끼가 먹어 토끼풀!

우리 주변에는 동물과 관계된 이름을 가진 식물이 참 많아요. 옛 사람들은 "고양이가 소화불량에 걸리면 괭이밥을 먹는다."고 했어요. 그런데 실제로 괭이밥의 신맛은 고양이가 잘 먹는 고기를 연하게 만든대요. 또 어디서나 잘 자라는 토끼풀은 토끼가 가장 쉽게 찾을 수 있는 먹이였고요. 그 밖에 닭장 옆에 많이 핀다고 해서 지어진 닭의장풀, 쥐의 오줌 냄새가 난다고 해서 지어진 쥐오줌풀도 있어요.

갈대

22 갈대와 부들의 잎 가장자리는 왜 날카로울까요?

부들, 갈대, 강아지풀 같은 식물들은
자신을 스스로 보호할 수 있는 무기를 가지고 있어요.
바로 가장자리가 칼날같이 날카로운 잎이지요.
그래서 잎이 아무리 가늘고 하늘하늘하더라도 조심해야 해요.
무심코 잡아당기다가는 손을 벨 수 있어요.
이 식물들은 자신을 해칠 수 있는 동물들을 막아내기 위해
잎의 가장자리를 날카롭게 만든 거예요. 한번 잎에 베어 봤던
동물들은 이런 식물들에게 쉽게 접근하지 못한답니다.

 자기를 지키는 식물의 지혜!

복수초, 애기똥풀처럼 밝고 화려한 꽃을 가진 식물들은 독이 있어요. 그리고 감나무는 열매에 떫은 맛을 내 동물들에게 먹히지 않도록 하지요. 찔레나무, 환삼덩굴은 아예 동물들이 접근하지 못하도록 날카로운 가시를 갖고 있답니다.

강아지풀

부들

23 가시연꽃의 씨앗은 정말 50년도 넘게 잠을 자나요?

잎, 줄기, 꽃봉오리 등에 수많은 가시가 나 있는 가시연꽃은 잎이 20~120cm에 이를 정도로 매우 커요. 열매도 무려 6~12cm 정도로 크고, 매우 단단한 씨앗이 100여 개나 들어 있어요. 밖으로 나온 씨앗은 하루나 이틀 동안 물 위를 떠다니다가 물 속으로 가라앉아 겨울을 나요. 이 씨앗이 싹트려면 추운 겨울을 꼭 넘겨야 해요. 만약 계속 따뜻한 곳에 있으면 싹이 트지 않아요. 만일 무사히 겨울을 넘겼다 해도 싹이 틀 환경이 되지 않으면 계속 잠을 자는데, 때때로 50년 이상을 자기도 한대요.

커다란 가시연꽃이 어떻게 물 위에 뜰 수 있지요?

가시연꽃 잎의 뒷면을 보면 마치 거북의 등껍질처럼 굵은 잎맥이 얽혀 있어요. 바로 이 잎맥이 공기주머니 역할을 해서 그 큰 잎이 물에 뜰 수 있는 것이랍니다.

24

버드나무를 왜 도깨비나무라고 부를까요?

전기가 없었던 옛날에는 어두운 밤이면 무덤가나 습지 주변에서 푸른색의 불빛이 잠시 떠올랐다가 사라지는 모습을 자주 볼 수 있었어요. 사람들은 이를 도깨비불이라고 불렀지요.

도깨비불은 '인'이라는 물질과 공기가 만나 일어나는 현상이에요. 주로 동물의 시체나 오래된 고목나무에서 많이 생기지요.

특히 물 속에 잠긴 채 오랜 세월 자라온 버드나무는 줄기 속이 썩거나 줄기에 큰 구멍이 생기는 일이 종종 있어요.

바로 이 구멍에서 밤이 되면 빛이 나는 것인데, 옛 사람들은 도깨비가 버드나무에서 잠을 자다가 밤에 일어나 불빛을 낸다고 믿었어요. 그래서 버드나무를 도깨비나무라고 불렀답니다.

버드나무
때문에 습지가 변한대!

버들이라고도 불리는 버드나무는 물을 매우 좋아하는
식물이에요. 그래서 습지에서 자라는 버드나무는
해가 갈수록 쑥쑥 자라나지요. 그런데 버드나무가 늘어날수록
습지는 물이 점점 말라 딱딱한 땅으로 변하고,
오랜 세월이 지나면 결국 버드나무 숲으로 바뀌게 된답니다.

25
물 속에 사는 물수세미도 꽃을 피우나요?

물수세미는 연못과 습지의 물 속에서 사는 식물이에요.
뿌리, 줄기, 잎은 모두 물에 잠겨 있지만, 꽃은 물 밖에서 펴요.
그래서 7~8월경에는 물 밖에 핀 연한 노랑색의 꽃을 볼 수 있어요.
그런데 물수세미는 수꽃과 암꽃이 각각 따로 있대요.
줄기 위쪽에 피는 꽃이 수꽃, 줄기 아래쪽에 피는 꽃이 암꽃이지요.
수꽃에서 만들어진 꽃가루는 떨어져 물을 타고 이동하다가
다른 물수세미의 암꽃에 묻어 꽃가루받이를 해요.
이렇게 물이 꽃가루받이를 도와 주는 꽃을 수매화라고 한답니다.

부들

창포

물옥잠

깨끗한 물은 우리가 지켜 줄게!

사람들이 버리는 더러운 물이 강이나 습지로 흘러들면
인이나 질소 같은 물질이 많아져 물 속 동식물들은
살아갈 수 없어요. 그런데 창포, 물옥잠, 부들, 갈대 같은
식물들은 인과 질소를 재빨리 흡수해 영양분으로 쓴대요.
덕분에 물이 깨끗해질 수 있답니다.

물수세미

26 미꾸라지는 정말 창자로도 숨을 쉴 수 있나요?

대부분의 물고기는 숨을 쉬기 위해 아가미로 물 속에 녹아 있는
산소를 빨아들여요. 그래서 물이 더러워 산소가 부족한 곳에서는
잘 살 수 없어요.
하지만 미꾸라지는 비교적 깨끗하지 않은 탁한 물이나
진흙탕에서도 잘 살아가는 물고기예요.
그것은 아가미는 물론 창자로도 숨을 쉴 수 있기 때문이지요.
미꾸라지는 물 위로 떠올라 창자 속에 공기를 넣어 두는데,
그러면 물 속에 산소가 부족해도 숨을 쉬며
살아갈 수 있답니다.

❗❓ 미꾸라지 수염은 길을 찾는 안테나!

미꾸라지는 앞이 잘 보이지 않는 뿌연 진흙 바닥에서
살아요. 그리고 사냥도 대개 밤중에 하기 때문에 눈 외에
다른 감각도 발달해야 했지요. 그래서 미꾸라지는
얼굴 앞쪽에 난 여러 가닥의 수염을 통해
길도 찾고, 먹이도 찾아 내지요.

27 가물치는 알을 둥지에 낳는다면서요?

가물치는 봄부터 여름까지 알을 낳고 새끼를 키워요.
많은 물고기들이 둥지 없이 알을 낳는 것과 달리 가물치는
알을 낳는 둥지를 만들어요. 가물치 부부는 물 위로 떠올라
수초를 엮어 지름이 80~100cm나 되는 커다란 둥지를
물 위에 만들지요.
암컷은 몸을 뒤집어 배를 위로 향한 채로 둥지 속에 알을 낳아요.
알은 부부가 함께 지키는데, 만약 위험한 일이 생기면
둥지를 밀어 다른 곳으로 옮기기도 해요.

 가물치는 어떻게 고인 물에서도 잘 사나요?

물고기는 대개 아가미로 숨을 쉬어요. 하지만 가물치는
아가미 외에 아가미 등쪽에 공기실이 있어 입으로도
숨을 쉬지요. 그래서 물이 탁해지거나 여름철에
물의 온도가 높아지면 물 위로 자주 입을 내밀고
공기를 마신대요.

28 논우렁이는 새끼를 낳는다는 것이 사실인가요?

흔히 양식되는 왕우렁이가 분홍색의 알을 낳는 것과 달리,
우리 나라 토종인 논우렁이는 새끼를 낳아요.
논우렁이 암컷은 신기하게도 몸 밖이 아닌 몸 속에 알을 낳아요.
그리고 알이 깨어난 후 한동안 육아주머니 속에 넣어 키워요.
즉 논우렁이는 몸 속에서 알까기를 한 후
새끼 상태로 몸 밖에 내 보내는 거지요.
논우렁이는 한 번에 40마리 이상의 새끼를 낳는데,
새끼를 모두 낳고 나면 힘들어서 죽기도 한대요.

물 속의 청소부, 논우렁이!

논우렁이는 물 속에서 물고기, 개구리, 곤충 등이 죽으면 어느새 나타나 죽은 동물을 깨끗하게 먹어치우기 때문에 '물 속의 청소부'라고 부르지요.
어항 속에 논우렁이, 고동을 함께 넣어 보세요.
햇볕을 받아 유리벽에 끼는 푸른색 녹조류도 깨끗하게 먹어치워 준답니다.

책을 덮기 전에…

습지에서 아이와 함께 하면 좋은 놀이

습지는 물과 땅이 어우러져 그 어느 서식지보다 다양하고 독특한 동식물들을 품고 있는 곳입니다. 습지를 보다 가까이 느낄 수 있는 다양한 놀이를 통해 어린이들이 습지와 친숙해질 수 있도록 도와 주세요.

새둥지 만들기 습지 주변에 떨어진 잔가지를 모으세요. 그리고 그것을 얼기설기 엮어 오목한 둥지를 만든 후 젖은 흙으로 모양을 고정시키세요. 그런 다음 마른 풀로 바닥을 깔면 새둥지가 완성됩니다. 습지에 사는 새들이 어떻게 적응해 살아가는지 느낄 수 있는 것은 물론 소근육 발달에도 도움이 됩니다.

습지 생물 수수께끼 부모님과 자녀가 함께 돌아가며 스무고개 형식으로 습지 생물을 가지고 수수께끼 놀이를 해 보세요. 익숙치 않던 습지 생물들의 이름과 특징을 떠올려 보고 되새길 수 있습니다. 언어와 인지 발달에 좋은 놀이입니다.

동물 발자국 찾기 촉촉한 흙 덕분에 습지 주변에는 동물 발자국이 고스란히 찍혀 있어요. 풀 숲에 찍힌 발자국을 찾아보고 새인지 젖먹이 동물인지 알아맞혀 보는 거예요. 동물별로 발 모양의 차이와 특징을 알 수 있어요.

똑같이 배열하기 습지 주변에서 구할 수 있는 나뭇잎, 나뭇가지, 돌, 열매 등을 여러 개씩 모아 주세요. 그리고 한 사람이 먼저 모아 놓은 자연물을 순서 없이 늘어놓은 후 1분 정도 상대방에게 보여 주고는 큰 나뭇잎으로 가리세요. 그럼 상대방은 정해진 시간 동안 자연물을 똑같은 순서대로 배열해야 해요. 습지의 환경을 이해하고, 관찰력을 기를 수 있는 놀이예요.